Impressum
Verlag: BABADADA GmbH, Nedderfeld 112 , 22529 Hamburg
Geschäftsführer / Verlagsleitung: Harald Hof
Druck: Books on Demand GmbH, In de Tarpen 42, 22848 Norderstedt

Imprint
Publisher: BABADADA GmbH, Nedderfeld 112 , 22529 Hamburg, Germany
Managing Director / Publishing direction: Harald Hof
Print: Books on Demand GmbH, In de Tarpen 42, 22848 Norderstedt, Germany

escuela

škola

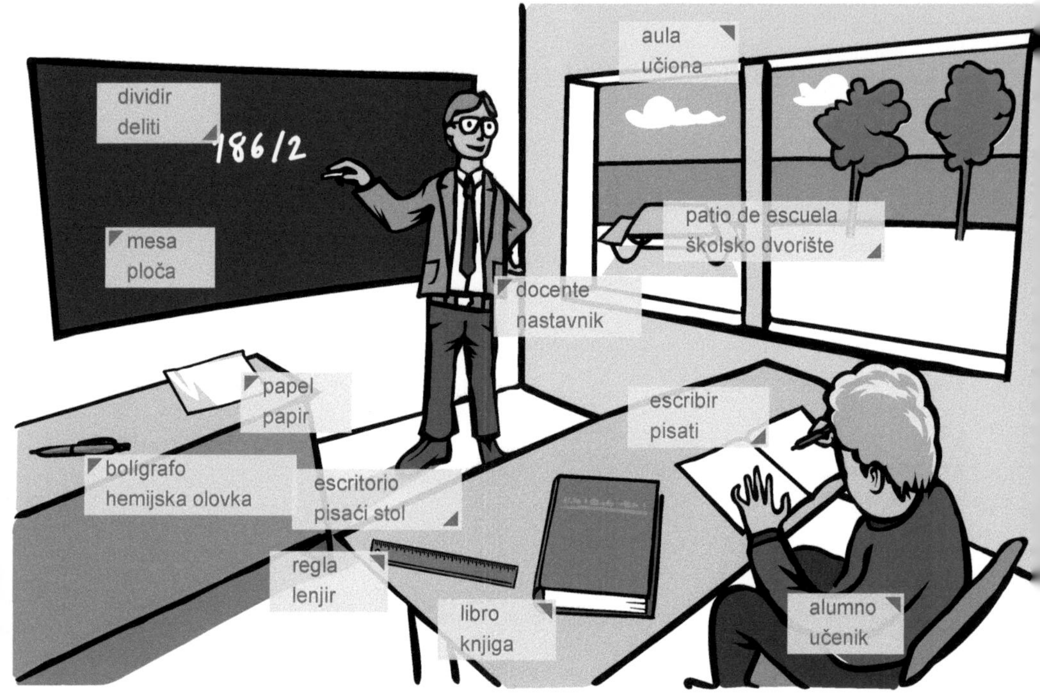
aula
učiona
dividir
deliti
186/2
mesa
ploča
patio de escuela
školsko dvorište
docente
nastavnik
papel
papir
escribir
pisati
bolígrafo
hemijska olovka
escritorio
pisaći stol
regla
lenjir
libro
knjiga
alumno
učenik

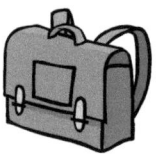

mochila escolar

torba

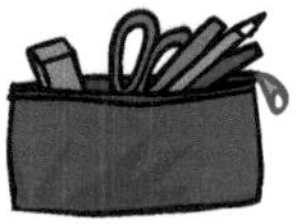

caja de lápices

pernica

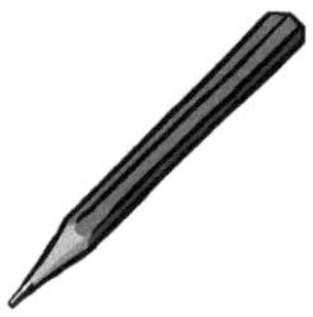

lápiz

grafitna olovka

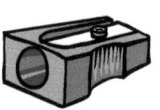

sacapuntas

šiljilo za olovke

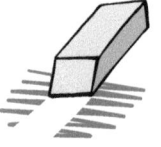

goma de borrar

gumica za brisanje

bloc de dibujo

blok za crtanje

dibujo
crtež

pincel
kist

caja de pinturas
kutija sa bojama

tijera
makaze

pegamento
lepilo

libro de ejercicios
beležnica

tarea
domaći zadatak

número
broj

2+2

sumar
sabirati

5-2

restar
oduzimati

2×2

multiplicar
množiti

calcular
računati

A

letra
slovo

ABCDEFG
HIJKLMN
OPQRSTU
VWXYZ

alfabeto
abeceda

palabra
reč

texto

tekst

leer

čitati

tiza

kreda

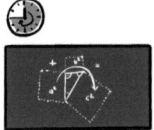

lección

čas

libro de clase

dnevnik

examen

ispit

certificado

svedočanstvo

uniforme escolar

školska uniforma

educación

obrazovanje

enciclopedia

leksikon

universidad

univerzitet

microscopio

mikroskop

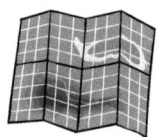

mapa

karta

cesto de papeles

košara za papir

viaje
putovanje

hotel
hotel
albergue
prenoćište
ROOMS
EXCHANGE
casa de cambio
menjačnica
maleta
kofer
auto
auto

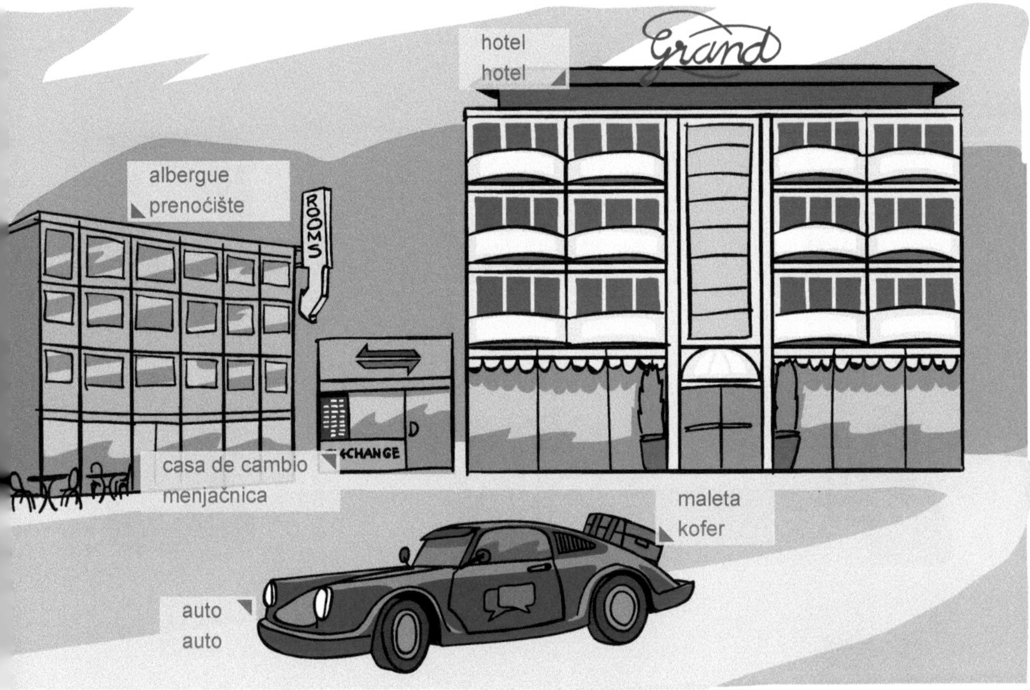

idioma
jezik

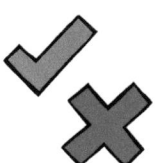

sí / no
da / ne

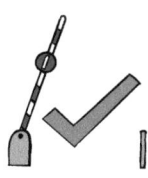

ok
okej

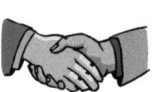

hola
zdravo

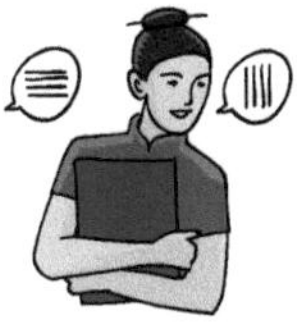

intérprete
prevodilac

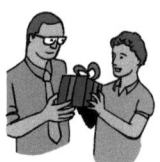

gracias
hvala

¿Cuánto cuesta...?

Koliko košta...?

No entiendo

ne razumem

problema

problem

¡Buenas tardes!

dobro veče!

¡Buenos días!

Dobro jutro!

¡Buenas noches!

Laku noć!

adiós

doviđenja

dirección

smer

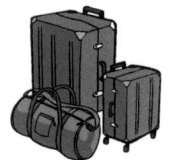

equipaje

prtljaga

bolso

torba

mochila

ruksak

invitado

gost

cuarto

soba

saco de dormir

vreća za spavanje

tienda de campaña

šator

información al turista

turističke informacije

playa

plaža

tarjeta de crédito

kreditna kartica

desayuno

doručak

almuerzo

ručak

cena

večera

pasaje

karta za vožnju

ascensor

lift

sello

poštanska markica

límite

granica

aduana

carina

embajada

ambasada

visa

viza

pasaporte

pasoš

transporte
transport

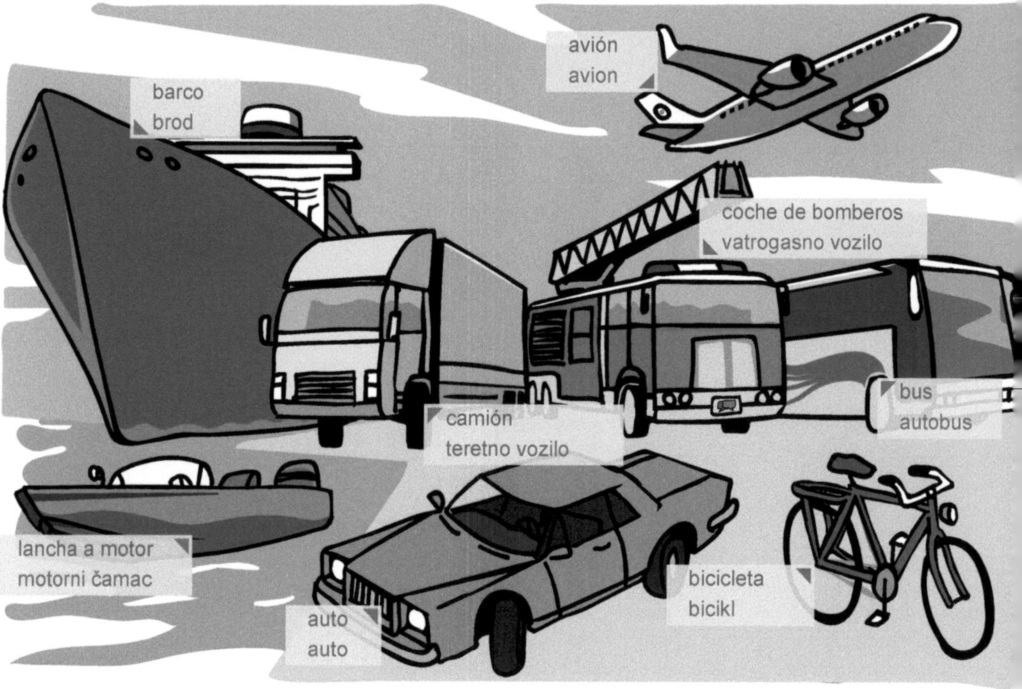

avión
avion
barco
brod
coche de bomberos
vatrogasno vozilo
bus
autobus
camión
teretno vozilo
lancha a motor
motorni čamac
bicicleta
bicikl
auto
auto

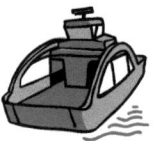

balsa
trajekt

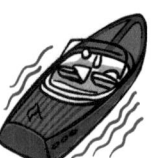

lancha
čamac

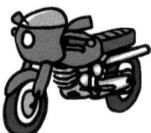

motocicleta
motocikl

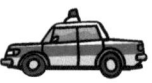

auto de policía
policijski auto

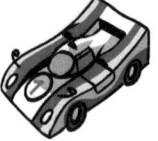

auto de carreras
trkaći auto

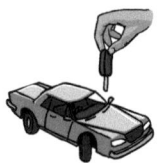

auto de alquiler
iznajmljeno auto

alquiler de autos

delenje automobila

grúa

vučno vozilo

vehículo recolector de basura

vozilo za odvoz smeća

motor

motor

gasolina

benzin

gasolinera

benzinska stanica

señal de tráfico

saobraćajni znak

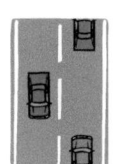

tránsito

saobraćaj

atasco

zastoj

estacionamiento

parkiralište

estación de tren

železnička stanica

carril

šine

tren

voz

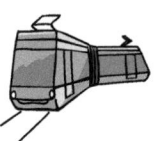

tranvía

tramvaj

vagón

vagon

helicóptero

helikopter

aeropuerto

aerodrom

torre

kula

pasajero

putnik

contenedor

kontejner

caja de cartón

karton

carro

kolica

cesta

korpa

despegar / aterrizar

uzleteti / sleteti

ciudad

grad

aldea

selo

centro de la ciudad

centar grada

casa

kuća

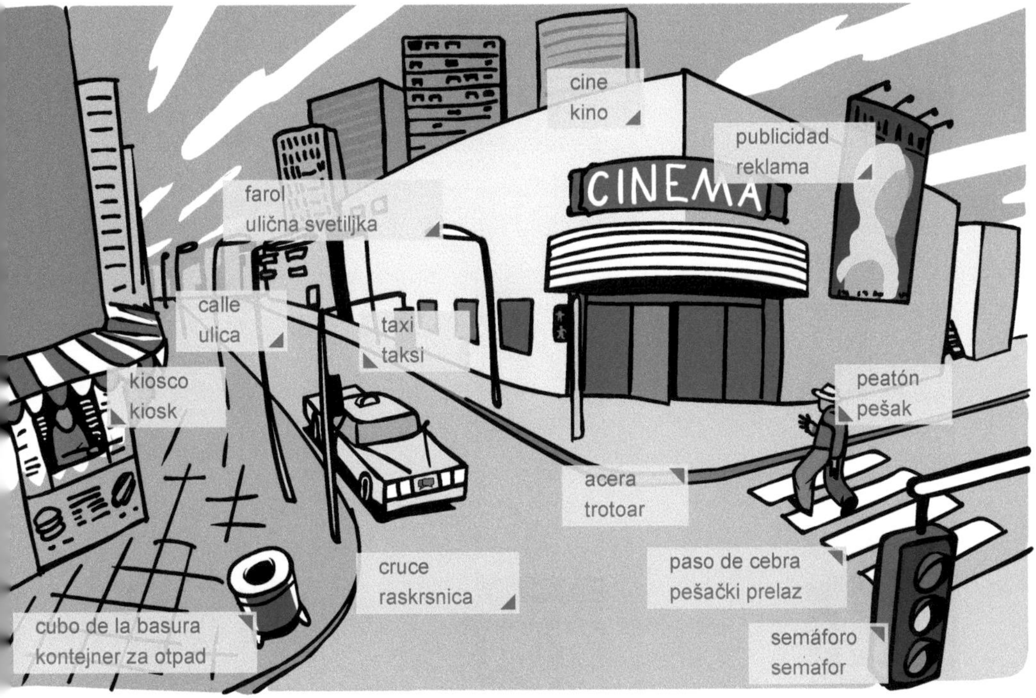

cine
kino

publicidad
reklama

farol
ulična svetiljka

CINEMA

calle
ulica

taxi
taksi

kiosco
kiosk

peatón
pešak

acera
trotoar

cruce
raskrsnica

paso de cebra
pešački prelaz

cubo de la basura
kontejner za otpad

semáforo
semafor

cabaña

koliba

apartamento

stan

estación de tren

železnička stanica

ayuntamiento

većnica

museo

muzej

escuela

škola

ciudad - grad

universidad

univerzitet

banco

banka

hospital

bolnica

hotel

hotel

farmacia

apoteka

oficina

kancelarija

librería

knjižara

negocio

prodavnica

florería

cvećara

supermercado

supermarket

mercado

trg

grandes almacenes

robna kuća

pescadería

ribarnica

centro comercial

trgovački centar

puerto

luka

parque
park

banco
klupa

puente
most

escalera
stepenice

metro
podzemna železnica

túnel
tunel

parada de autobuses
autobuska stanica

bar
bar

restaurante
restoran

buzón de correo
poštansko sanduče

letrero
ulični znak

parquímetro
parkirni automat

zoológico
zoološki vrt

piscina
bazen

mezquita
džamija

granja

seosko gazdinstvo

polución

zagađenje okoline

cementerio

groblje

iglesia

crkva

parque infantil

igralište

templo

hram

paisaje
pejsaž

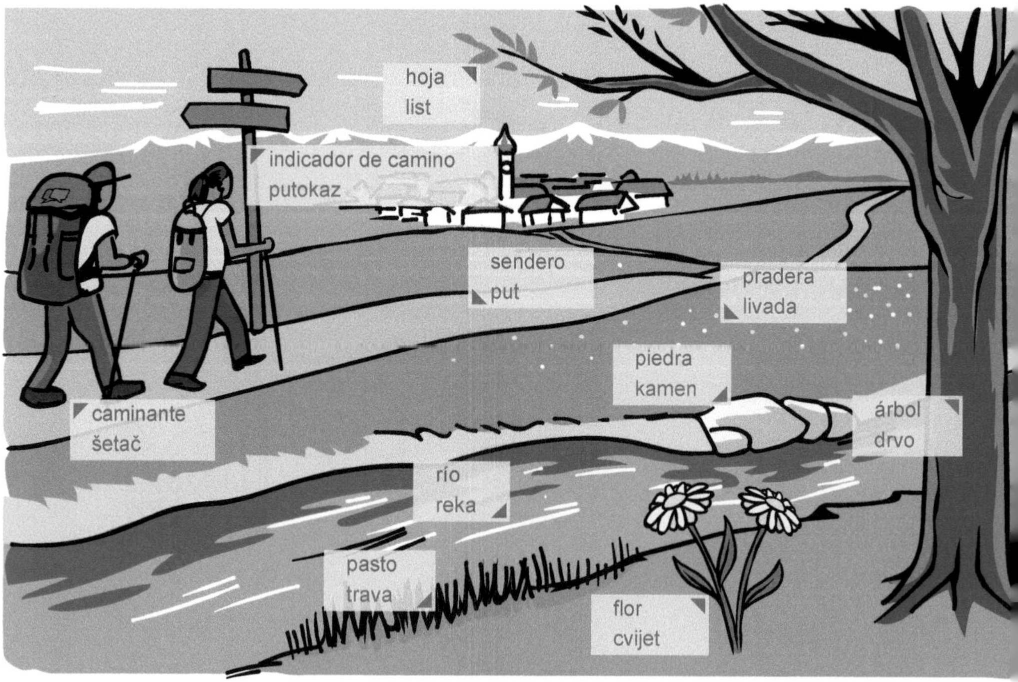

hoja
list

indicador de camino
putokaz

sendero
put

pradera
livada

piedra
kamen

caminante
šetač

árbol
drvo

río
reka

pasto
trava

flor
cvijet

valle
dolina

montaña
planina

lago
jezero

bosque
šuma

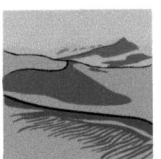

desierto
pustinja

volcán
vulkan

castillo
dvorac

arco iris
duga

seta
gljiva

palmera
palma

mosquito
moskito

mosca
muva

hormiga
mrav

abeja
pčela

araña
pauk

escarabajo

buba

rana

žaba

ardilla

veverica

erizo

jež

liebre

zec

lechuza

sova

pájaro

ptica

cisne

labud

jabalí

divlja svinja

ciervo

jelen

alce

los

embalse

nasip

aerogenerador

vetrenjača

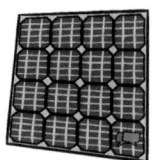

módulo solar

solarna ploča

clima

klima

restaurante
restoran

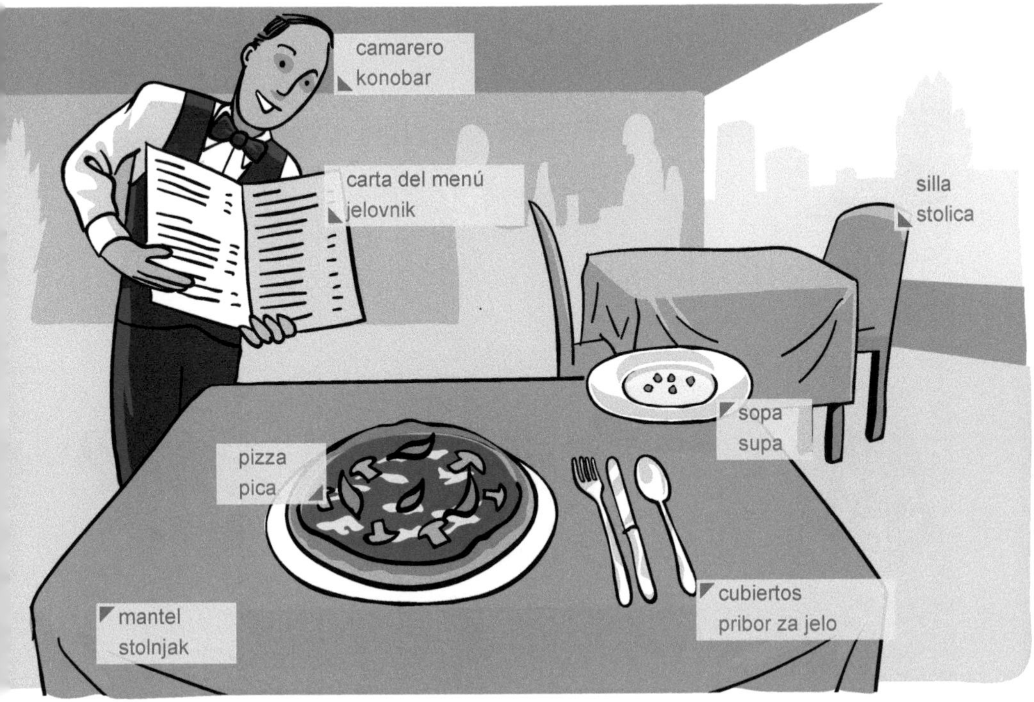

camarero
konobar
carta del menú
jelovnik
silla
stolica
sopa
supa
pizza
pica
cubiertos
pribor za jelo
mantel
stolnjak

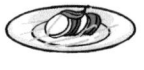

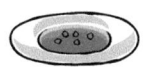

entrada

predjelo

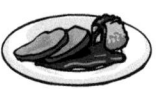

plato principal

glavno jelo

postre

desert

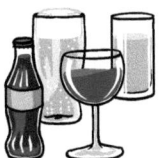

bebida

napitci

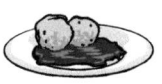

comida

jelo

botella

flaša

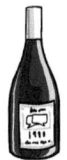

comida rápida

brza hrana

comida callejera

imbis hrana

tetera

čajnik

azucarera

doza za šećer

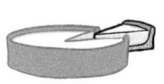

porción

porcija

máquina de espresso

aparat za espresso

silla alta

visoka stolica

factura

račun

bandeja

poslužavnik

cuchillo

nož

tenedor

viljuška

cuchara

kašika

cuchara de té

čajna kašika

servilleta

salveta

vaso

čaša

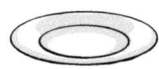

plato

tanjir

plato de sopa

tanjir za supu

platillo

tanjirić

salsa

sos

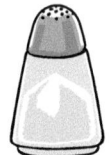

salero

soljenka

molinillo para pimienta

mlin za biber

vinagre

sirće

aceite

ulje

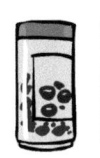

especias

začini

ketchup

kečap

mostaza

senf

mayonesa

majoneza

supermercado
supermarket

oferta
ponuda
FOR
cliente
kupac
productos lácteos
mlečni proizvodi
fruta
voće
carrito de compras
kolica za kupovinu

BUTCHERS

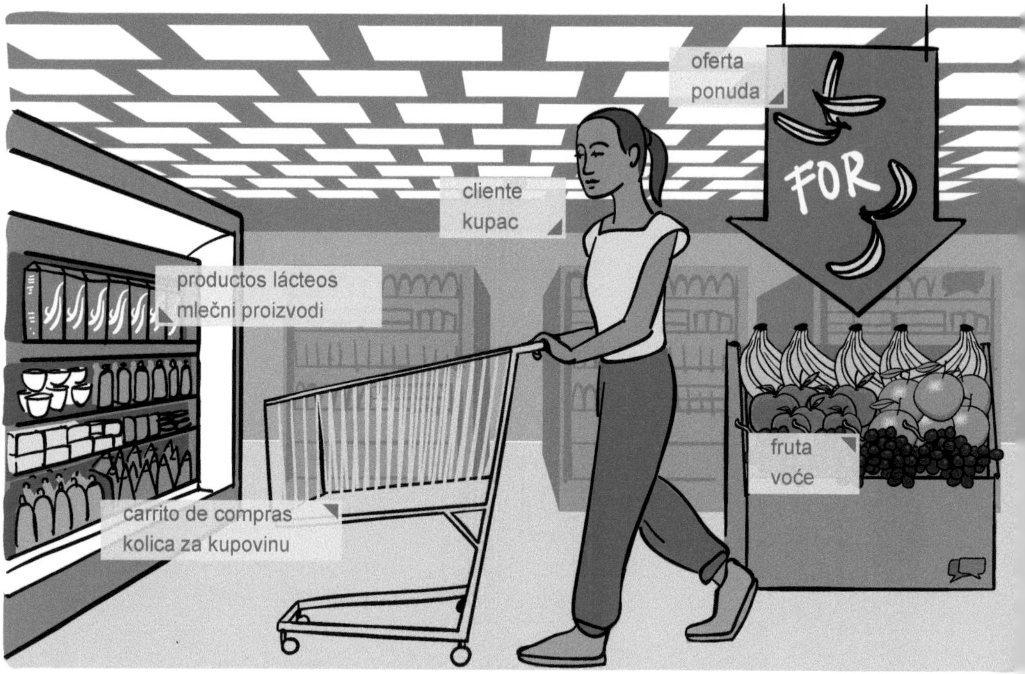

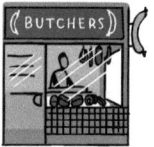

carnicería

mesnica

BAKERY

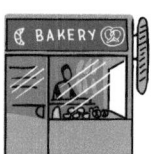

panadería

pekara

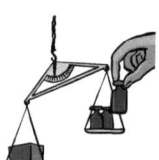

pesar

vagati

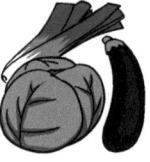

verdura

povrće

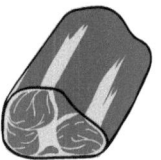

carne

meso

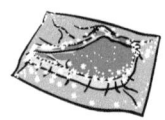

alimentos congelados

smrznuta hrana

fiambre
narezak

conservas
konzerve

detergente en polvo
sredstvo za pranje

dulces
slatkiši

artículos domésticos
artikli za domaćinstvo

productos de limpieza
sredstva za čišćenje

vendedora
prodavačica

caja
blagajna

cajero
blagajnik

lista de compras
lista za kupovinu

horario de atención
vreme rada

cartera
novčanik

tarjeta de crédito
kreditna kartica

maleta
torba

bolsa plástica
plastična kesa

agua

voda

jugo

sok

leche

mleko

refresco de cola

kola

vino

vino

cerveza

pivo

alcohol

alkohol

cacao

kakao

té

čaj

café

kava

espresso

espresso

cappuccino

cappuccino

banana

banana

manzana

jabuka

naranja

narandža

sandía

lubenica

limón

limun

zanahoria

šargarepa

ajo

beli luk

bambú

bambus

cebolla

luk

seta

gljiva

nueces

orašasti plodovi

fideos

rezanci

espagueti

špagete

arroz

riža

ensalada

salata

patatas fritas

pomfrit

patatas salteadas

pečeni krumpir

pizza

pica

hamburguesa

hamburger

sándwich

sendvič

escalope

šnicla

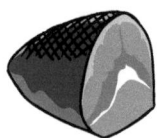

jamón

šunka

salame

salama

embutido

kobasica

pollo

kokoš

asado

pečenje

pescado

riba

copos de avena

zobene pahuljice

musli

musli

copos de maíz tostado

kukuruzne pahuljice

harina

brašno

croissant

kroasan

panecillo

pecivo

pan

hleb

tostada

toast

galletas

keksi

mantequilla

maslac

cuajada

sveži sir

pastel

kolač

huevo

jaje

huevo frito

jaje na oko

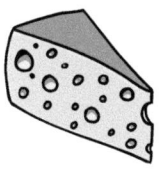

queso

sir

comida - jelo

25

helado

sladoled

azúcar

šećer

miel

med

mermelada

marmelada

praliné

nugat krema

curry

kari

granja
seosko gazdinstvo

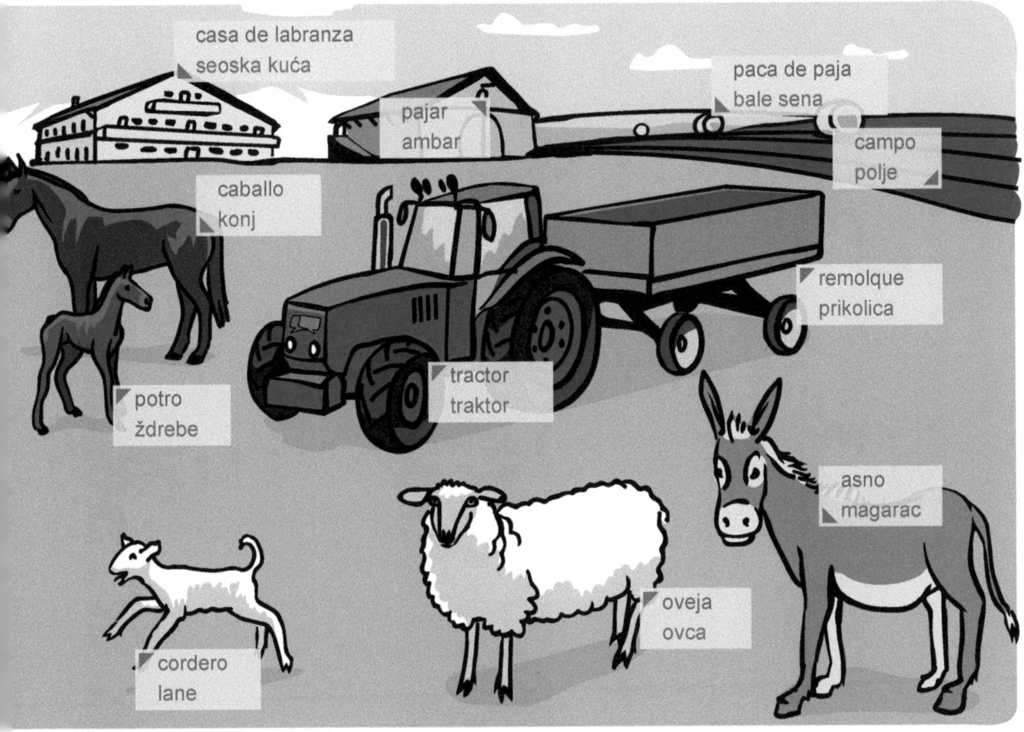
casa de labranza
seoska kuća
pajar
ambar
paca de paja
bale sena
campo
polje
caballo
konj
remolque
prikolica
tractor
traktor
potro
ždrebe
asno
magarac
oveja
ovca
cordero
lane

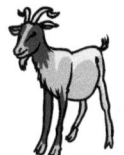

cabra
koza

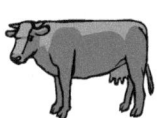

vaca
krava

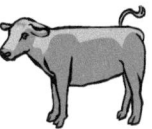

ternero
tele

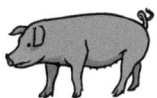

cerdo
svinja

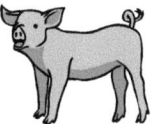

lechón
prase

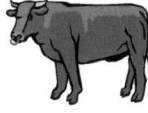

toro
bik

ganso
guska

pato
patka

polluelo
pilići

pollo
kokoš

gallo
petao

rata
pacov

gato
mačka

ratón
miš

buey
vol

perro
pas

caseta del perro
kućica za psa

manguera de riego
vrtno crevo

regadera
kanta za polivanje

guadaña
kosa

arado
plug

hoz
srp

azada
motika

bieldo
viljuška za đubrivo

hacha
sekira

carretilla
tačke

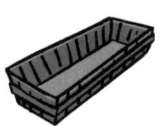

abrevadero
korito

lechera
posuda za mleko

saco
vreća

cerca
ograda

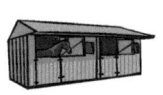

establo
štala

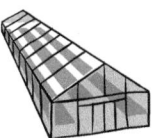

invernadero
staklenik

suelo
zemlja

semilla
seme

fertilizante
đubrivo

cosechadora
kombajn

cosechar

žeti

cosecha

žetva

raíz de ñame

jams začin

trigo

pšenica

soja

soja

patata

krumpir

maíz

kukuruz

colza

uljana repica

Árbol frutal

voćka

mandioca

gomolj manioke

cereales

žitarice

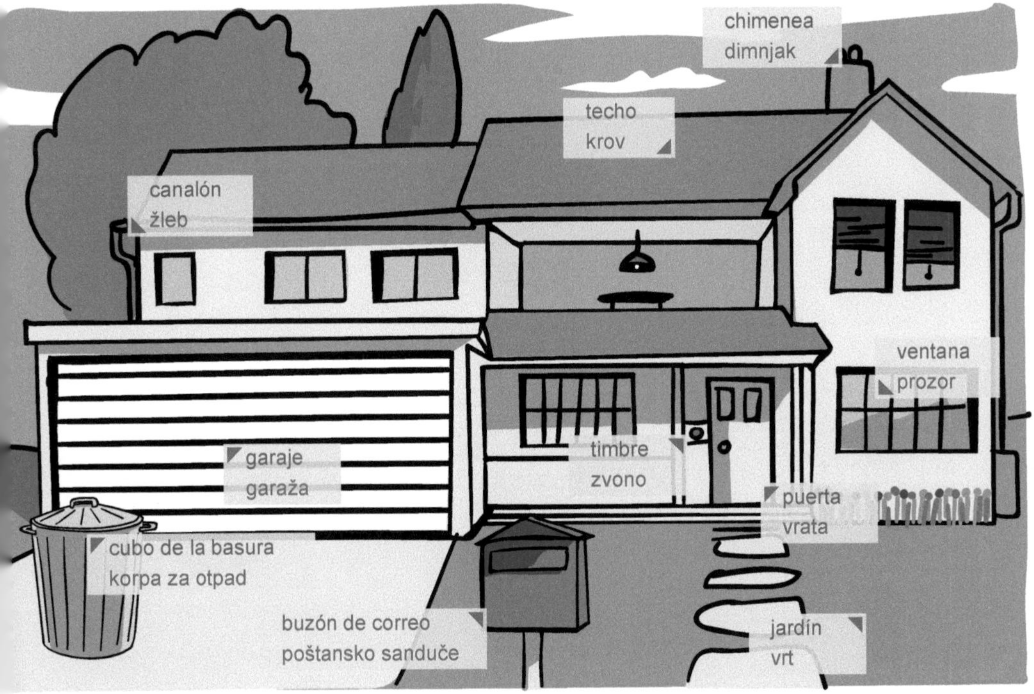

chimenea
dimnjak

techo
krov

canalón
žleb

ventana
prozor

garaje
garaža

timbre
zvono

puerta
vrata

cubo de la basura
korpa za otpad

buzón de correo
poštansko sanduče

jardín
vrt

cuarto de estar

dnevna soba

cuarto de baño

kupaonica

cocina

kuhinja

dormitorio

spavaća soba

cuarto de los niños

dečija soba

comedor

trpezarija

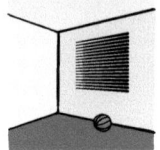

piso
pod

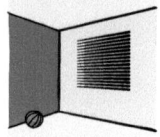

pared
zid

cielorraso
strop

sótano
podrum

sauna
sauna

balcón
balkon

terraza
terasa

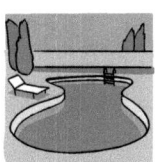

piscina
bazen

cortacésped
kosilica za travu

funda nórdica
posteljina za krevet

edredón
deka za krevet

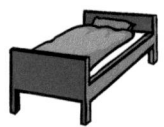

cama
krevet

escoba
metla

cubo
kanta

interruptor
prekidač

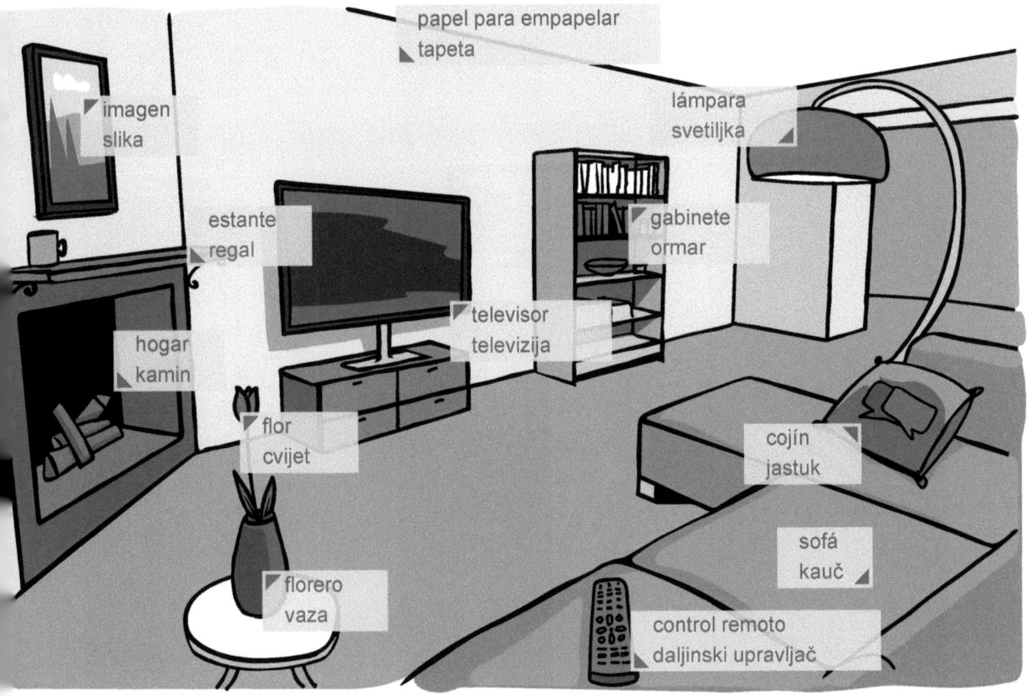

papel para empapelar
tapeta

imagen
slika

lámpara
svetiljka

estante
regal

gabinete
ormar

televisor
televizija

hogar
kamin

flor
cvijet

cojín
jastuk

sofá
kauč

florero
vaza

control remoto
daljinski upravljač

alfombra
tepih

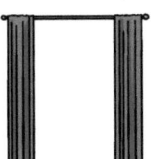

cortina
zavesa

mesa
sto

silla
stolica

mecedora
stolica za njihanje

sillón
fotelja

libro
knjiga

frazada
deka

decoración
dekoracija

leña
drvo za ogrev

film
film

equipo estereofónico
hi-fi uređaj

llave
ključ

periódico
novine

cuadro
slika na platnu

póster
poster

radio
radio

bloc de notas
blok za pisanje

aspiradora
usisivač

cactus
kaktus

vela
sveća

cocina
kuhinja

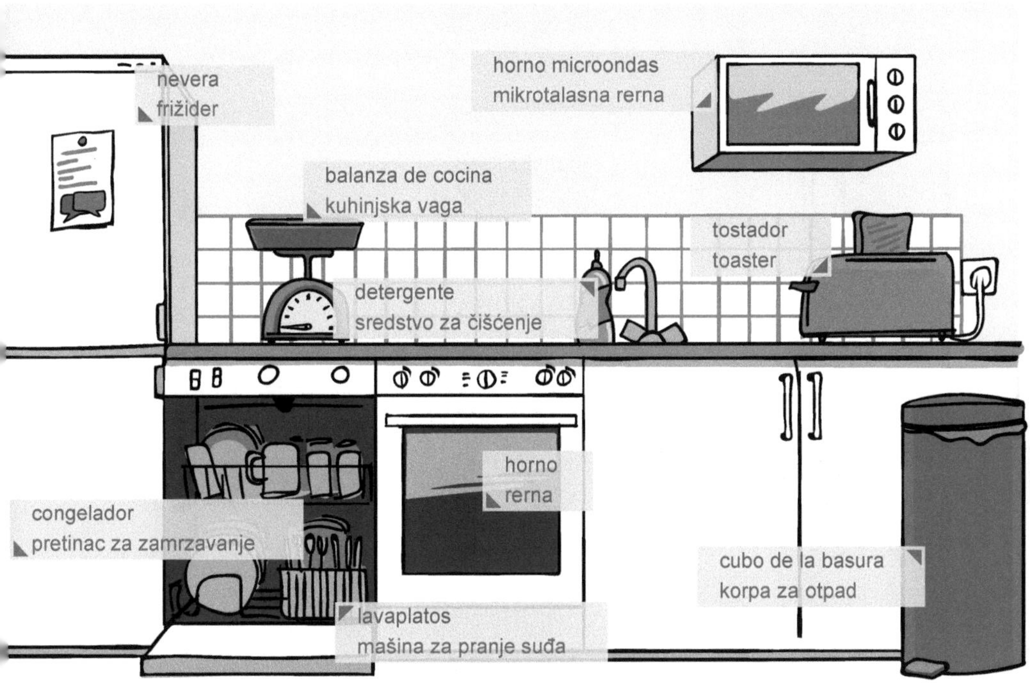

nevera
frižider
horno microondas
mikrotalasna rerna
balanza de cocina
kuhinjska vaga
tostador
toaster
detergente
sredstvo za čišćenje
horno
rerna
congelador
pretinac za zamrzavanje
cubo de la basura
korpa za otpad
lavaplatos
mašina za pranje suđa

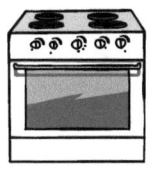

cocina

šporet

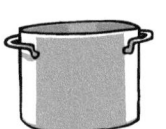

olla

lonac

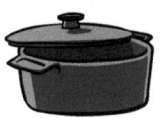

olla de fundición de hierro

gvozdeni lonac

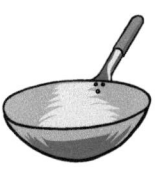

wok / kadai

wok / kadai

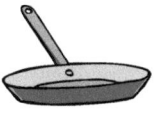

sartén

tava

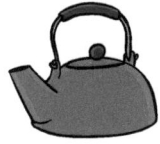

hervidor de agua

kuvalo za vodu

olla de vapor

kuvalo na paru

bandeja de horno

lim za pečenje

vajilla

posuđe

vaso

čaša

bol

posuda

palillos para comer

štapići za jelo

cucharón de sopa

kutlača

espátula

lopatica

batidor

penjača

colador

sito za kuvanje

cedazo

sito

rallador

ribež

mortero

mužar

parrillada

roštilj

fogata

ognjište

tabla de picar

daska

rodillo

oklagija

sacacorchos

vadičep

lata

konzerva

abrelatas

otvarač konzervi

agarrador

krpa za lonac

fregadero

sudoper

cepillo

četka

esponja

sunđer

batidora

mikser

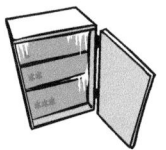

arcón congelador

zamrzivač

biberón

flašica za bebe

grifo

slavina za vodu

cocina - kuhinja

cuarto de baño
kupaonica

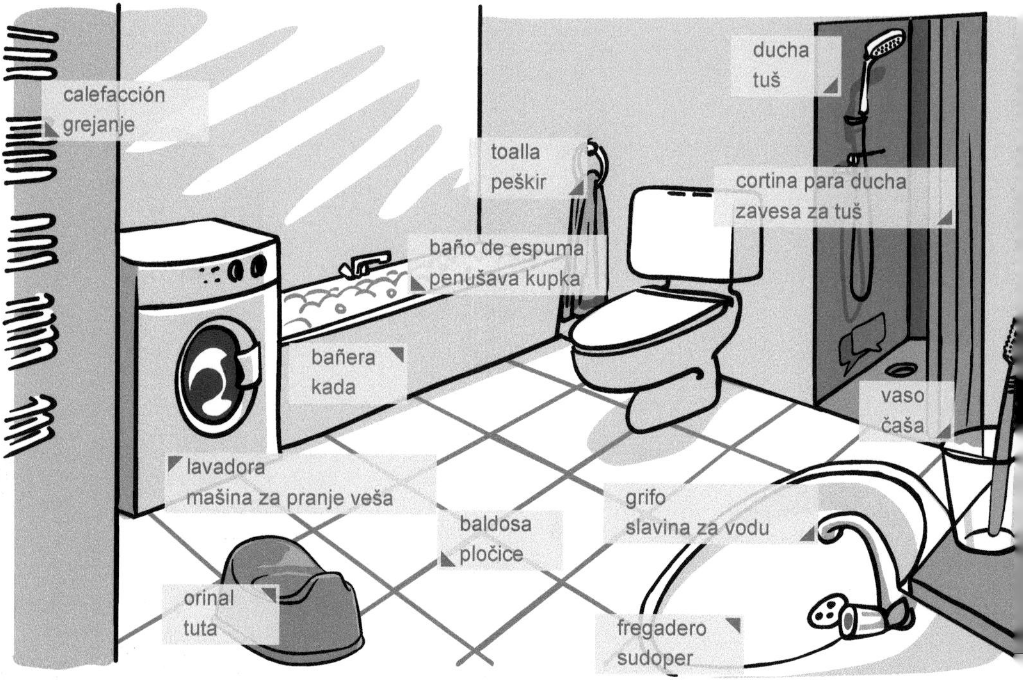
calefacción
grejanje
ducha
tuš
toalla
peškir
cortina para ducha
zavesa za tuš
baño de espuma
penušava kupka
bañera
kada
vaso
čaša
lavadora
mašina za pranje veša
grifo
slavina za vodu
baldosa
pločice
orinal
tuta
fregadero
sudoper

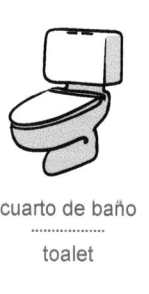

cuarto de baño
toalet

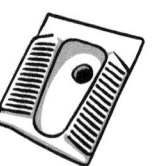

placa turca
čučavac

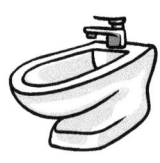

bidé
bidet

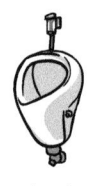

urinario
pisoar

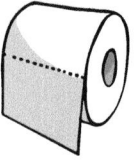

papel higiénico
toaletni papir

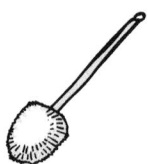

escobilla para el cuarto de baño
četka za toalet

cepillo de dientes

četkica za zube

pasta dentífrica

pasta za zube

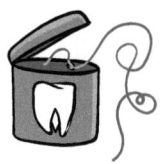

seda dental

konac za zube

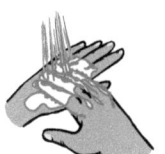

lavar

prati

ducha teléfono

tuš ručica

ducha higiénica

tuš za pranje intimnih delova

cuenco

lavor

cepillo para la espalda

četka za pranje leđa

jabón

sapun

gel de ducha

gel za tuširanje

champú

šampon

manopla para baño

krpa za pranje

desagüe

odvod

crema

krema

desodorante

dezodorans

espejo

ogledalo

espejo de maquillaje

kozmetičko ogledalo

máquina de afeitar

brijač

espuma de afeitar

pena za brijanje

loción para después del afeitado

losion za posle brijanja

peine

češalj

cepillo

četka

secador para cabello

fen za kosu

laca de peinado

sprej za kosu

maquillaje

makeup

lápiz labial

ruž za usne

laca para uñas

lak za nokte

algodón

vata

tijera para uñas

makaze za nokte

perfume

parfem

neceser

kozmetička torbica

taburete

stolica

balanza

vaga

bata de baño

ogrtač

guantes de goma

rukavice za čišćenje

tampón

tampon

compresa

uložak

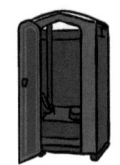

wáter químico

hemijski toalet

cuarto de los niños
dečija soba

despertador
budilnik
animal de peluche
plišana igračka
auto de juguete
auto igračka
sonajero
zvečka
casa de muñecas
kućica za lutke
obsequio
poklon

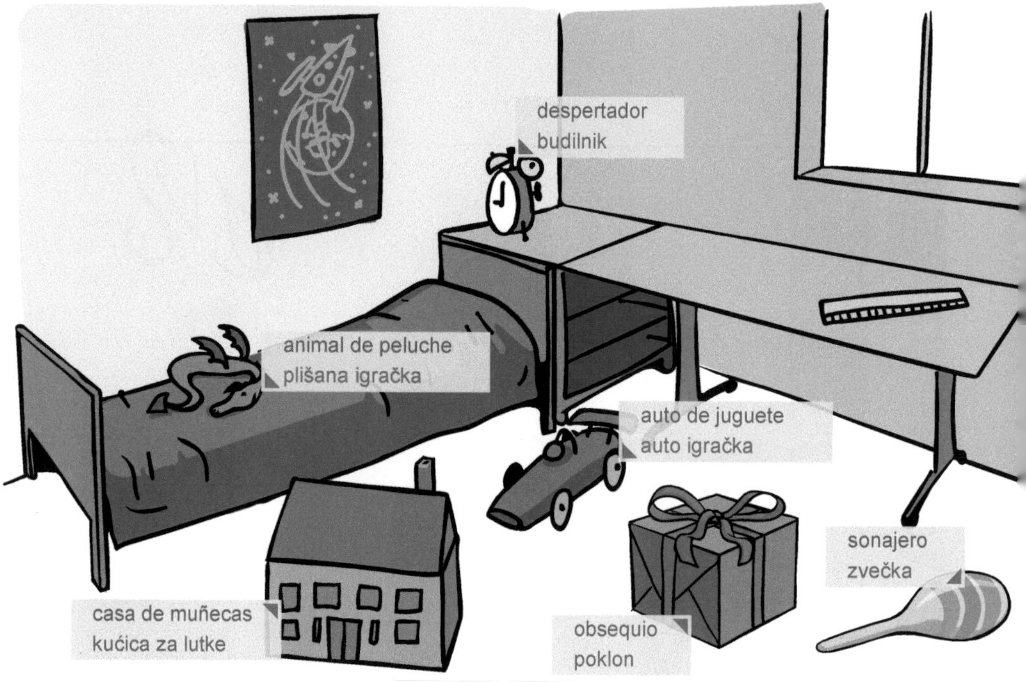

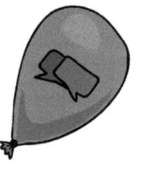

globo
balon

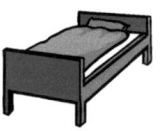

cama
krevet

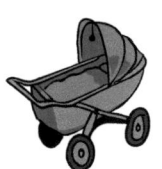

cochecito para niños
dječija kolica

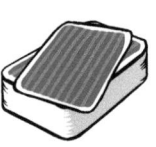

juego de barajas
igra s kartama

rompecabezas
slagalica

SUPER
MEGA

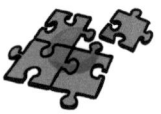

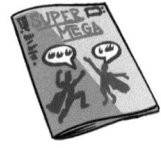

cómic
strip

piezas de Lego

lego kockice

bloques para jugar

kockice za slaganje

figura de acción

akcioni junak

pijama de una pieza

benkica za bebe

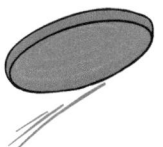

frisbee

frizbi

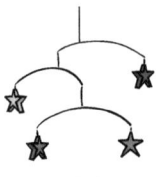

móvil

viseće igračke

juego de mesa

društvene igre

dado

kocka

tren eléctrico a escala

minijaturna željeznica

chupete

duda

fiesta

zabava

libro de dibujos

slikovnica

pelota

lopta

títere

lutka

jugar

igrati

arenero

pješčanik

columpio

ljuljačka

juguetes

igračka

consola de videojuego

konzola za igre

triciclo

tricikl

osito de peluche

tedi

guardarropa

ormar

vestimenta

odeća

calcetines

kratke čarape

medias

čarape

panti

hulahopke

chal
šal

paraguas
kišobran

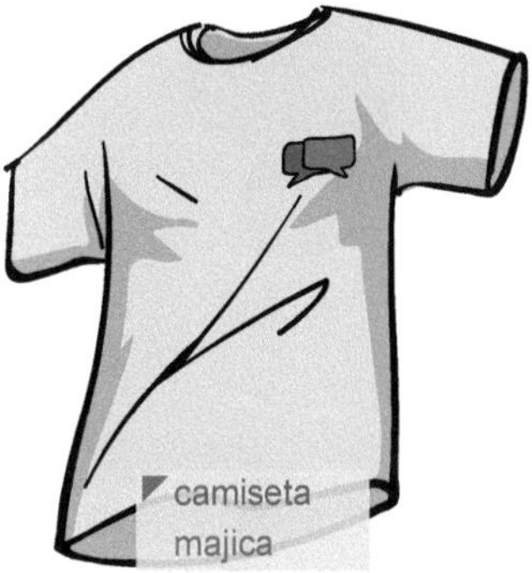

camiseta
majica

cinturón
kaiš

botas
čizme

zapatilla
papuče

deportivas
patike

sandalias
sandale

zapatos
cipele

botas de goma
gumene čizme

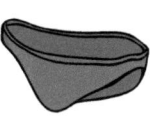

ropa interior
gaćice

corpiño
grudnjak

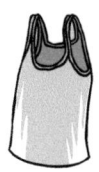

camiseta
potkošulja

body
bodi

pantalón
pantalone

jeans
farmerke

falda
suknja

blusa
bluza

camisa
košulja

pullover
džemper

sweater
džemper s kapuljačom

blazer
sako

chaqueta
jakna

abrigo
kaput

impermeable
kabanica

traje chaqueta
kostim

vestido
haljina

vestido de bodas
venčanica

traje
odelo

camisón
spavaćica

pijama
pidžama

sari
sari

pañuelo de cabeza
marama za glavu

turbante
turban

burka
burka

caftán
kaftan

abaya
abaja

traje de baño
kupaći kostim

bañador
kupaće gaćice

shorts
kratke pantalone

chándal
odeća za trening

delantal
kecelja

guante
rukavice

botón

dugme

gafa

naočare

brazalete

narukvica

cadena

ogrlica

anillo

prsten

aro

naušnica

gorra

kapa

percha

vešalica

sombrero

šešir

corbata

kravata

cierre a cremallera

patent zatvarač

casco

kaciga

tiradores

naramenice

uniforme escolar

školska uniforma

uniforme

uniforma

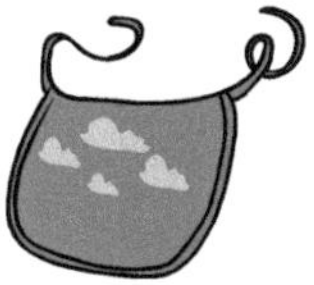

babero

podbradak

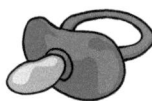

chupete

duda

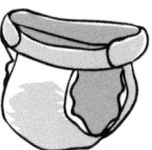

pañal

pelena

oficina

kancelarija

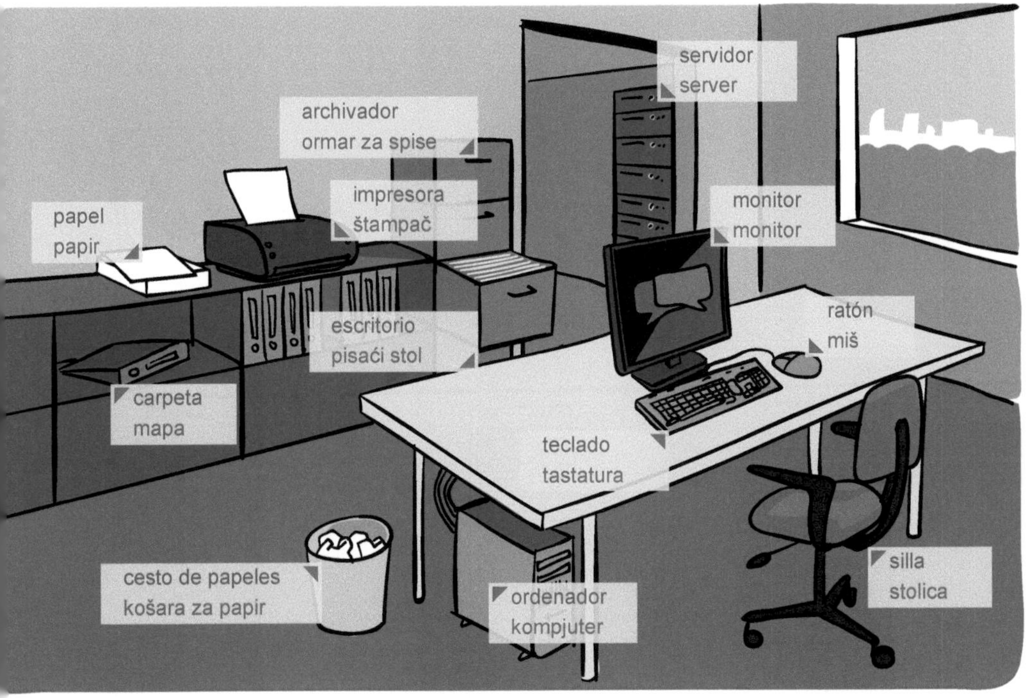
servidor
server
archivador
ormar za spise
papel
papir
impresora
štampač
monitor
monitor
ratón
miš
escritorio
pisaći stol
carpeta
mapa
teclado
tastatura
cesto de papeles
košara za papir
ordenador
kompjuter
silla
stolica

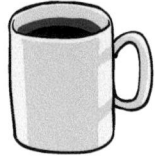

taza de café

šalica za kavu

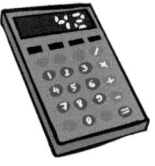

calculadora

kalkulator

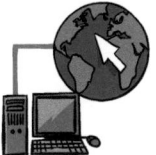

internet

internet

laptop

laptop

carta

pismo

mensaje

poruka

teléfono móvil

mobilni telefon

red

mreža

fotocopiadora

uređaj za kopiranje

software

softver

teléfono

telefon

tomacorriente

utičnica

máquina de fax

faks

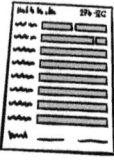

formulario

formular

documento

dokument

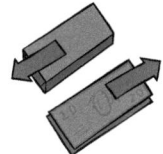

comprar
kupovati

pagar
platiti

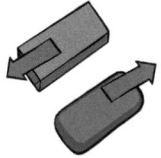

comerciar
trgovati

dinero
novac

USD

dólar
dolar

EUR

euro
evro

JPY

yen
jen

RUB

rublo
rublja

CHF

franco
švajcarski franak

CNY

renminbi
renmindbi juan

INR

rupia
rupija

cajero automático
automat za novac

casa de cambio

menjačnica

oro

zlato

plata

srebro

petróleo

nafta

energía

energija

precio

cena

contrato

ugovor

impuesto

porez

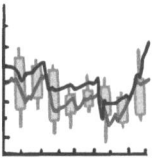

acción

deonica

trabajar

raditi

empleado

službenik

empleador

poslodavac

fábrica

fabrika

negocio

prodavnica

policía
policajac

bombero
vatrogasac

cocinero
kuvar

médico
lekar

piloto
pilot

jardinero
vrtlar

carpintero
stolar

costurera
krojačica

juez
sudija

químico
hemičar

actor
glumac

conductor de autobús

vozač autobusa

taxista

vozač taksija

pescador

ribar

mujer de la limpieza

čistačica

techista

krovopokrivač

camarero

konobar

cazador

lovac

pintor

slikar

panadero

pekar

electricista

električar

albañil

građevinski radnik

ingeniero

inženjer

carnicero

mesar

fontanero

limar

cartero

poštar

soldado
vojnik

arquitecto
arhitekta

cajero
blagajnik

florista
cvećar

peluquero
frizer

cobrador
kondukter

mecánico
mehaničar

capitán
kapetan

odontólogo
zubar

científico
naučnik

rabino
rabi

imam
imam

monje
monah

párroco
svećenik

herramientas
alati

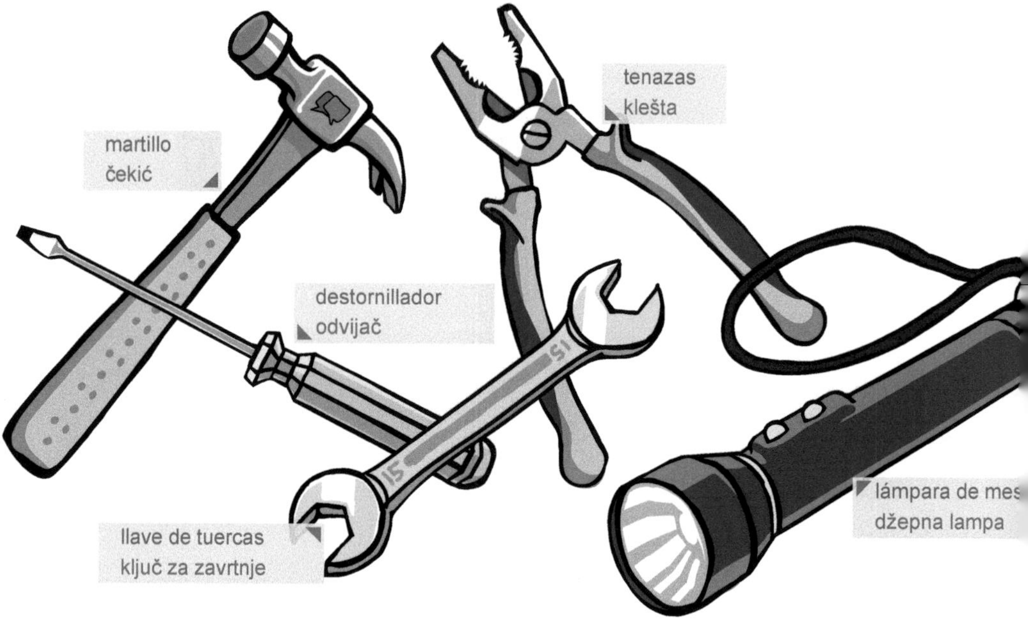

martillo
čekić
tenazas
klešta
destornillador
odvijač
llave de tuercas
ključ za zavrtnje
lámpara de mes
džepna lampa

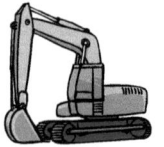

excavadora

bager

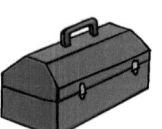

caja de herramientas

kutija za alat

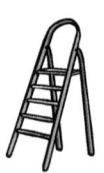

escalerilla

merdevine

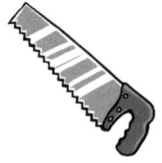

serrucho

pila

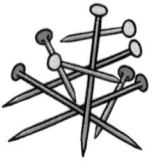

clavos

ekser

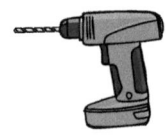

taladro

bušilica

reparar

popraviti

pala

lopata

¡Maldición!

do đavola!

recogedor

lopatica

lata de pintura

lonac za boju

tornillos

zavrtanji

instrumentos musicales
muzički instrument

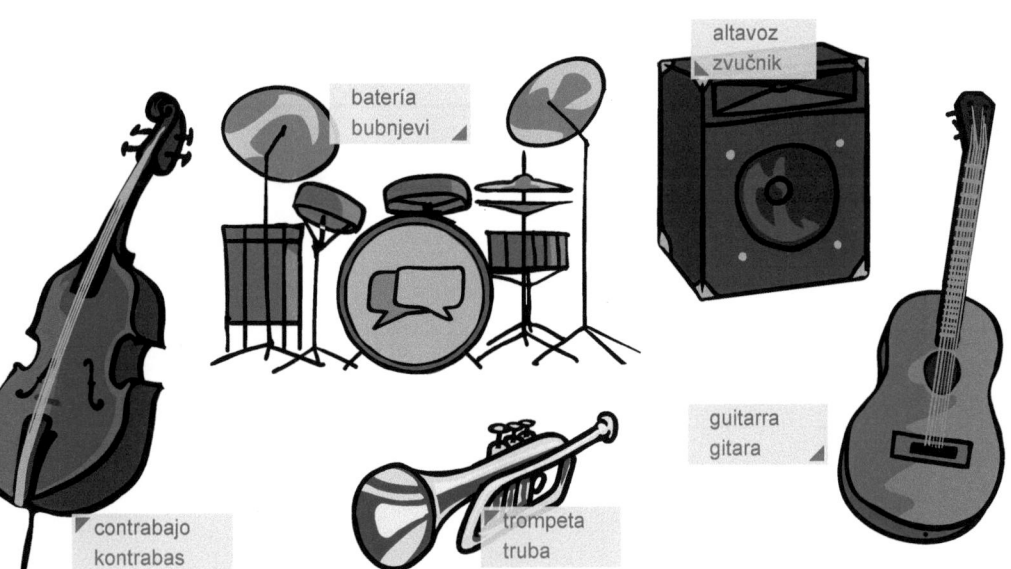

altavoz
zvučnik

batería
bubnjevi

contrabajo
kontrabas

trompeta
truba

guitarra
gitara

piano

klavir

violín

violina

bajo

bas

timbales

timpani

tambor

udaraljke za bubnjeve

teclado

tipke klavira

saxofón

saksofon

flauta

flauta

micrófono

mikrofon

instrumentos musicales - muzički instrument

zoológico

zoološki vrt

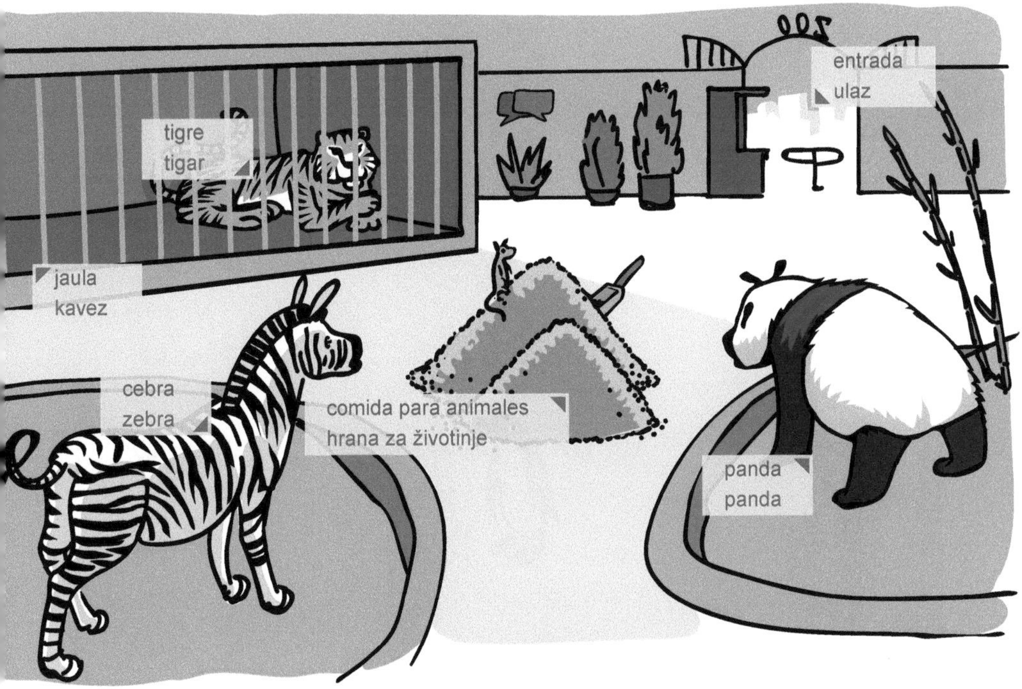
tigre
tigar
entrada
ulaz
jaula
kavez
cebra
zebra
comida para animales
hrana za životinje
panda
panda

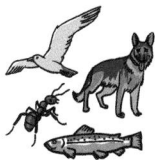

animales

životinje

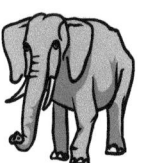

elefante

slon

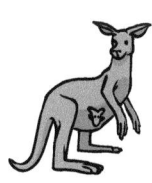

canguro

kengur

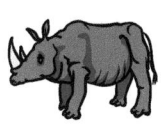

rinoceronte

nosorog

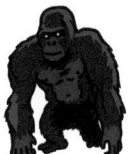

gorila

gorila

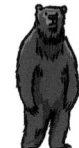

oso

medved

camello

kamila

avestruz

noj

león

lav

mono

majmun

flamengo

flamingo

papagayo

papagaj

oso polar

polarni medved

pingüino

pingvin

tiburón

ajkula

pavo real

paun

serpiente

zmija

cocodrilo

krokodil

cuidador del zoológico

čuvar u zoološkom vrtu

foca

tuljan

jaguar

jaguar

pony

poni

leopardo

leopard

hipopótamo

nilski konj

jirafa

žirafa

águila

orao

jabalí

divlja svinja

pescado

riba

tortuga

kornjača

morsa

morž

zorro

lisica

gacela

gazela

fútbol americano
američki nogomet

ciclismo
biciklizam

tenis
tenis

baloncesto
košarka

natación
plivanje

boxeo
boks

hockey sobre hielo
hokej na ledu

fútbol
fudbal

badminton
badminton

atletismo
atletika

balonmano
rukomet

esquí
skijanje

polo
polo

actividades
aktivnosti

reír
smejati se
saltar
skočiti
abrazar
zagrliti
caminar
ići
cantar
pevati
soñar
sanjati
rezar
moliti se
besar
poljubiti

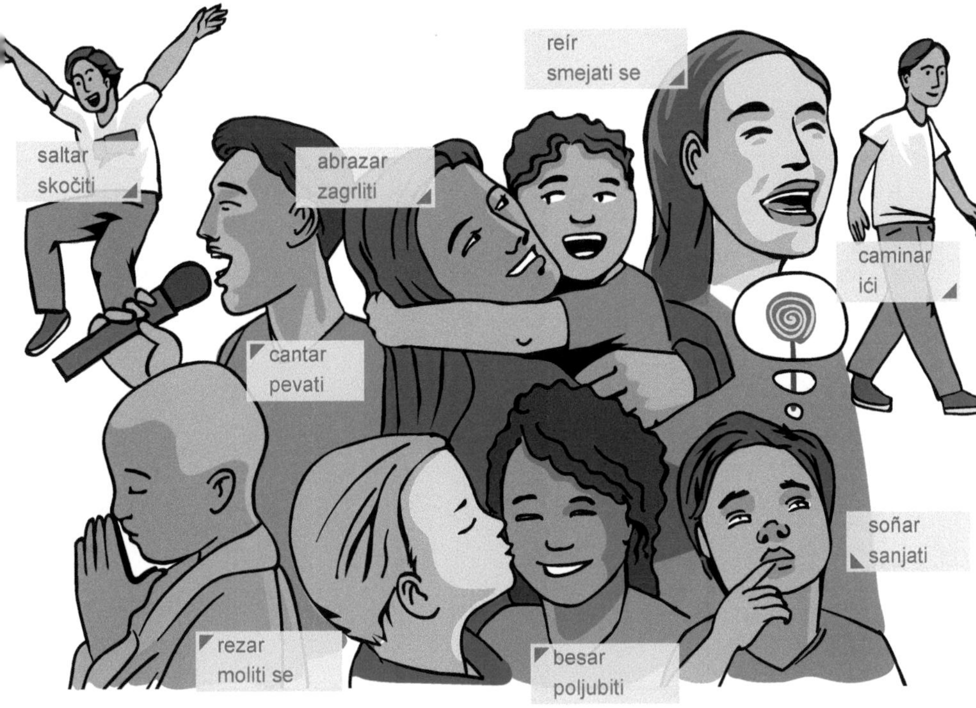

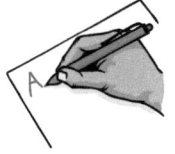

escribir

pisati

dibujar

crtati

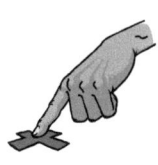

mostrar

pokazati

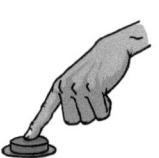

presionar

gurati

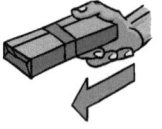

dar

dati

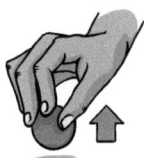

tomar

uzeti

tener

imati

hacer

činiti

ser

biti

estar de pie

stojati

correr

trčati

tirar

povlačiti

arrojar

baciti

caer

padati

estar acostado

ležati

esperar

čokati

llevar

nositi

estar sentado

sediti

vestirse

oblačiti

dormir

spavati

despertar

probuditi se

mirar

gledati

llorar

plakati

acariciar

milovati

peinarse

češljati

conversar

govoriti

entender

razumeti

preguntar

pitati

oír

slušati

beber

piti

comer

jesti

asear

pospremiti

amar

voleti

cocinar

kuhati

conducir

voziti

volar

leteti

actividades - aktivnosti

navegar
ploviti

calcular
računati

leer
čitati

aprender
učiti

trabajar
raditi

casarse
venčati se

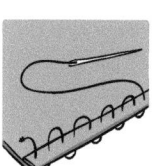

coser
šiti

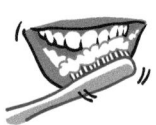

limpiarse los dientes
prati zube

matar
ubiti

fumar
pušiti

enviar
poslati

abuela
baka

abuelo
deda

padre
otac

madre
majka

bebé
beba

hija
kćerka

hijo
sin

invitado

gost

tía

tetka

tío

ujak, stric

hermano

brat

hermana

sestra

cuerpo
telo

frente
čelo
ojo
oko
hombro
rame
dedo
prst
cara
lice
barbilla
brada
mano
ruka
pecho
grudi
pierna
noga
brazo
ruka

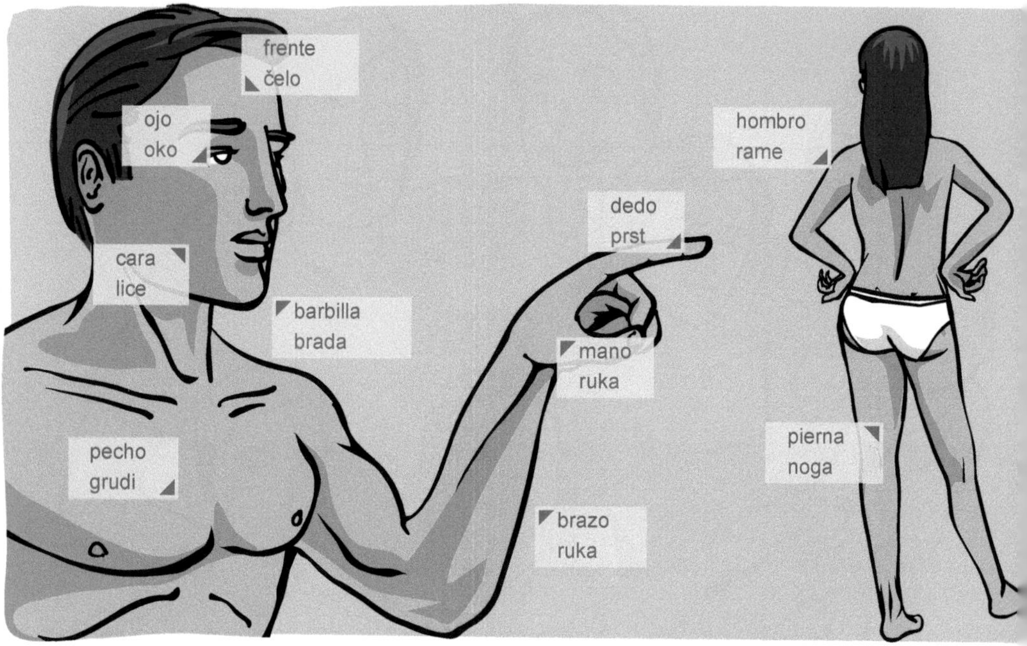

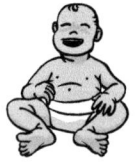

bebé
beba

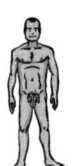

hombre
muškarac

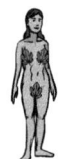

mujer
žena

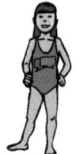

muchacha
devojčica

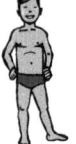

joven
dečak

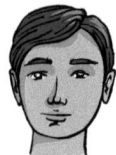

cabeza
glava

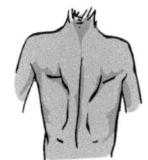

espalda
leđa

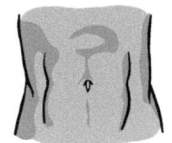

vientre
stomak

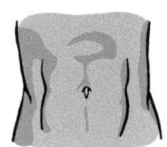

ombligo
pupak

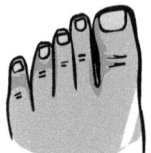

dedo del pie
nožni prst

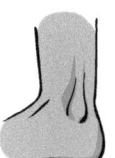

talón
peta

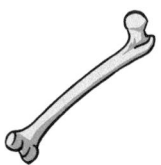

hueso
kost

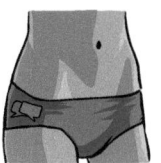

cadera
kukovi

rodilla
koleno

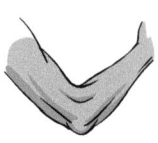

codo
lakat

nariz
nos

trasero
zadnjica

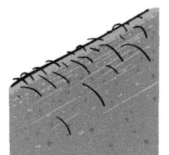

piel
koža

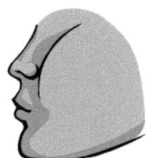

mejilla
obraz

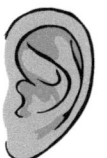

oreja
uvo

labio
usna

boca

usta

diente

zub

lengua

jezik

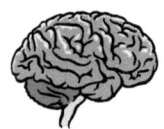

cerebro

mozak

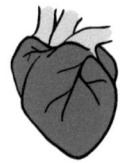

corazón

srce

músculo

mišić

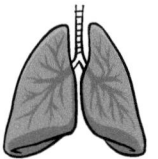

pulmón

pluća

hígado

jetra

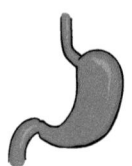

estómago

želudac

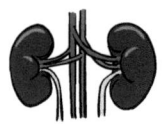

riñones

bubrezi

relación sexual

polni odnos

condón

kondom

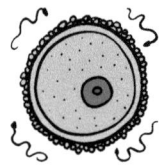

Óvulo

jajna ćelija

esperma

sperma

embarazo

trudnoća

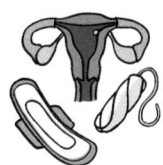

menstruación

menstruacija

vagina

vagina

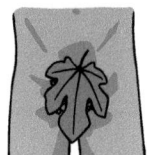

pene

penis

ceja

obrva

cabello

kosa

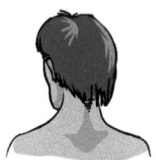

cuello

vrat

hospital
bolnica

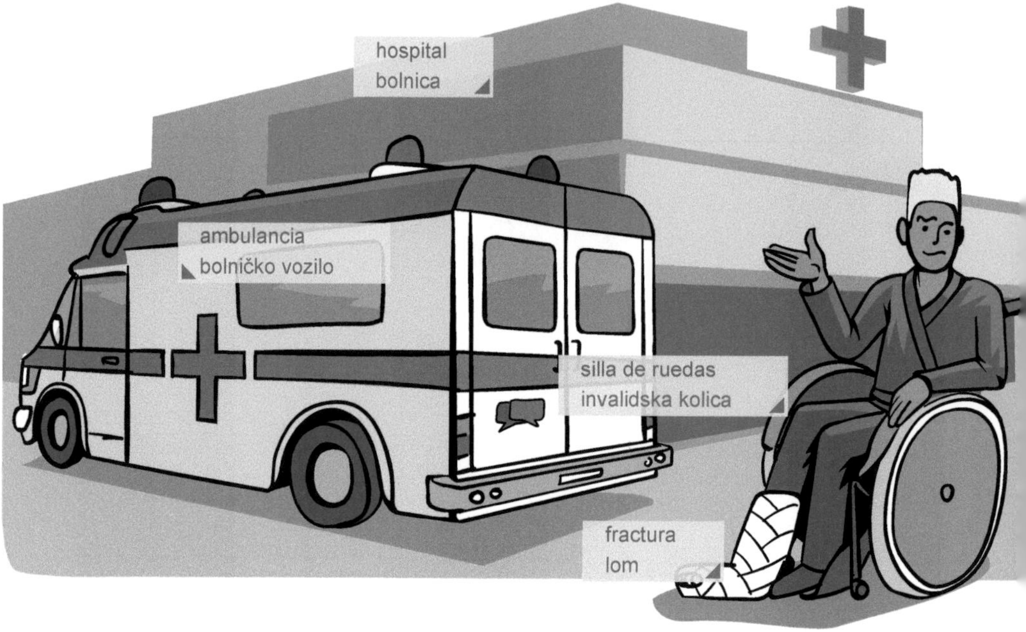

hospital
bolnica
ambulancia
bolničko vozilo
silla de ruedas
invalidska kolica
fractura
lom

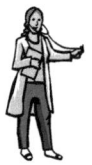

médico
lekar

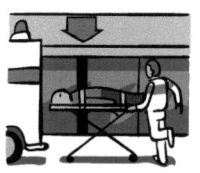

admisión de urgencia
hitna medicinska služba

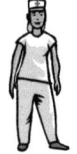

enfermera
medicinska sestra

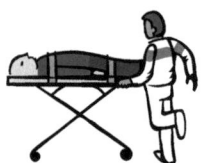

emergencia
hitni slučaj

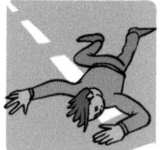

inconsciente
nesvest

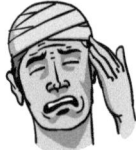

dolor
bol

lesión

povreda

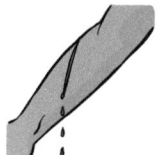

hemorragia

krvarenje

infarto de miocardio

srčani udar

apoplejía cerebral

udar

alergia

alergija

tos

kašalj

fiebre

groznica

gripe

gripa

diarrea

proliv

dolor de cabeza

glavobolja

cáncer

rak

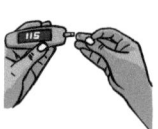

diabetes

dijabetes

cirujano

hirurg

escalpelo

skalpel

operación

operacija

TC
ct

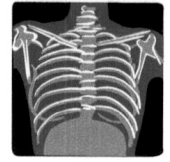

rayos X
rentgen

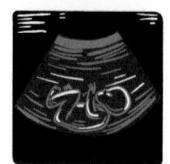

ultrasonido
ultrazvuk

máscara
maska

enfermedad
bolest

sala de espera
čekaona

muleta
štaka

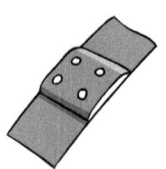

emplasto
flaster

vendaje
zavoj

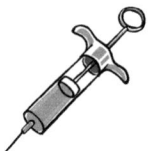

inyección
injekcija

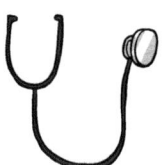

estetoscopio
ctotockop

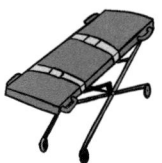

camilla
nosila

termómetro
termometar

nacimiento
rođenje

sobrepeso
prekomerna težina

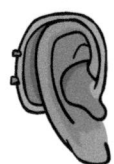

audífono

slušni aparat

desinfectante

sredstvo za dezinfekciju

infección

infekcija

virus

virus

VIH / SIDA

HIV / AIDS

medicina

medicina

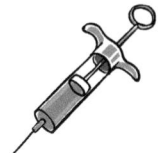

vacunación

vakcinacija

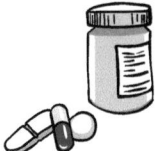

comprimido

tablete

píldora anticonceptiva

pilula

llamada de emergencia

hitni poziv

medidor de presión arterial

uređaj za merenje pritiska

enfermo / saludable

bolesno / zdravo

¡Ayuda!

pomoć!

alarma

alarm

asalto

nasrtaj

ataque

napad

peligro

opasnost

salida de emergencia

izlaz u slučaju nužde

¡Fuego!

požar!

extintor

protivpožarni aparat

accidente

nezgoda

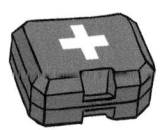

kit de primeros auxilios

kutija prve pomoći

SOS

sos

Policía

policija

Europa

Evropa

América del Norte

Severna Amerika

América del Sur

Južna Amerika

África

Afrika

Asia

Azija

Australia

Australija

Atlántico

Atlantik

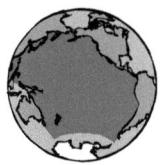

Pacífico

Pacifik

Océano Índico

Indijski okean

Océano Antártico

Antarktički okean

Océano Ártico

Arktički ocean

Polo Norte

Severni pol

Polo Sur

Južni pol

Antártida

Antarktik

Tierra

zemlja

país

zemlja

mar

more

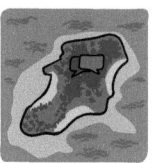

isla

otok

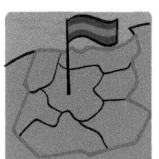

nación

nacija

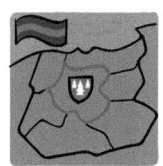

Estado

država

cuadrante

brojčanik sata

horario

satna kazaljka

minutero

minutna kazaljka

segundero

sekundna kazaljka

¿Qué hora es?

Koliko je sati?

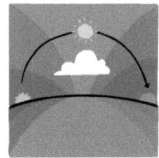

día

dan

tiempo

vreme

ahora

sada

reloj digital

digitalni sat

minuto

minuta

hora

čas

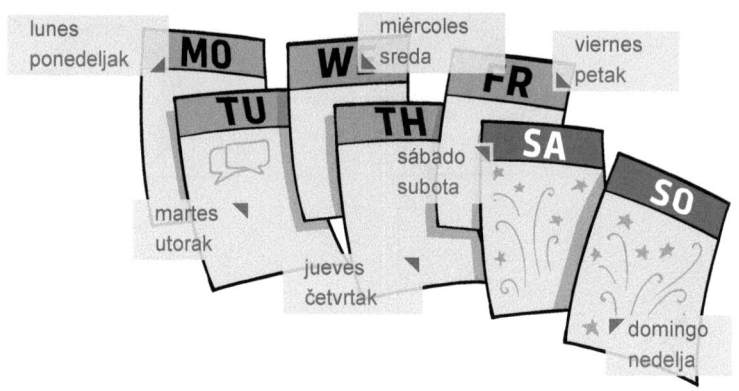

lunes
ponedeljak

miércoles
sreda

viernes
petak

martes
utorak

sábado
subota

jueves
četvrtak

domingo
nedelja

ayer

juče

hoy

danas

mañana

sutra

mañana

jutro

mediodía

podne

tarde

veče

MO	TU	WE	TH	FR	SA	SU
1	2	3	4	5	6	7
8	9	10	11	12	13	14
15	16	17	18	19	20	21
22	23	24	25	26	27	28
29	30	31	1	2	3	4

jornada de trabajo

radni dani

MO	TU	WE	TH	FR	SA	SU
1	2	3	4	5	6	7
8	9	10	11	12	13	14
15	16	17	18	19	20	21
22	23	24	25	26	27	28
29	30	31	1	2	3	4

fin de semana

vikend

año
godina

lluvia
kiša
arco iris
duga
viento
vetar
nieve
sneg
primavera
proleće
otoño
jesen
verano
leto
invierno
zima

4.APRIL 11°
5.APRIL 4°
6.APRIL 13°
7.APRIL 8°
8.APRIL 10°

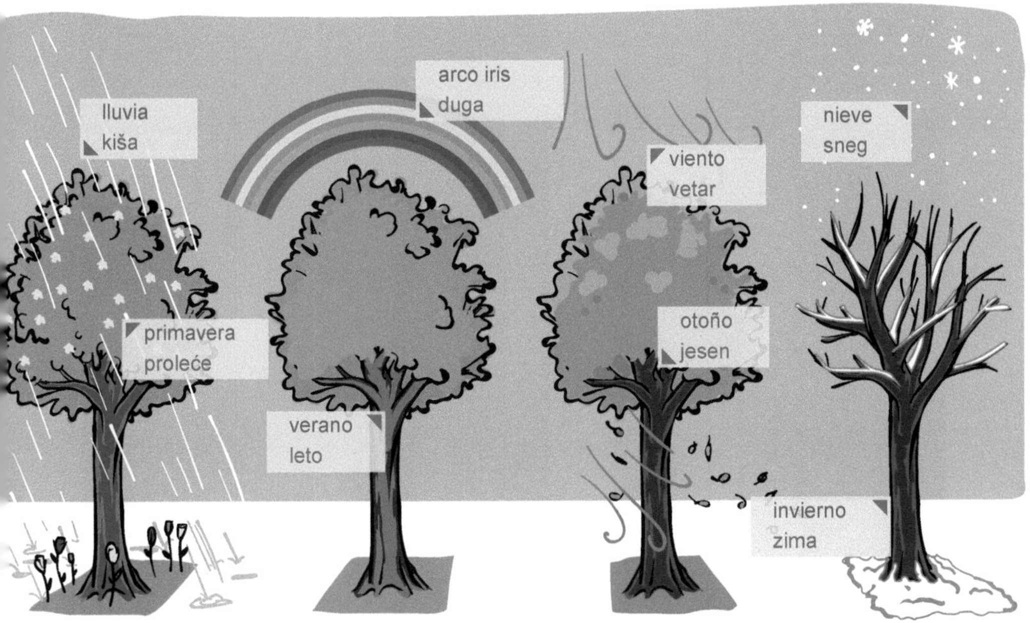

pronóstico meteorológico

meteorološka prognoza

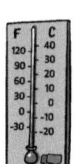

termómetro

termometar

luz solar

sunčana svetlost

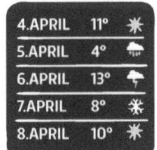

nube

oblak

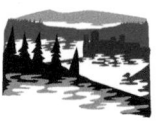

niebla

magla

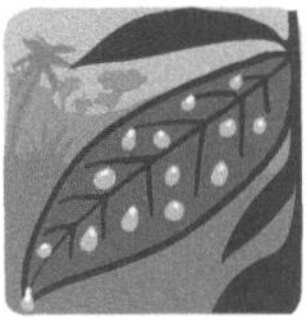

humedad ambiente

vlažnost vazduha

relámpago

munja

trueno

grmljavina

tormenta

oluja

granizo

tuča

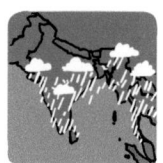

monzón

monsun

inundación

poplava

hielo

led

enero

januar

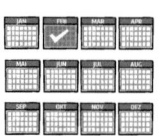

febrero

februar

marzo

mart

abril

april

mayo

maj

junio

juni

julio

juli

agosto

avgust

septiembre
·····················
septembar

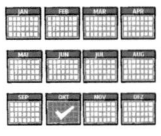

octubre
·····················
oktobar

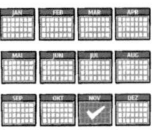

noviembre
·····················
novembar

diciembre
·····················
decembar

formas
oblici

círculo
·····················
krug

cuadrado
·····················
kvadrat

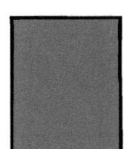

rectángulo
·····················
pravougao

triángulo
·····················
trougao

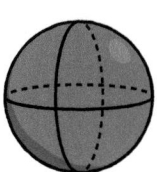

esfera
·····················
kugla

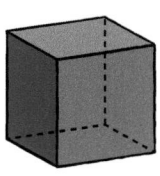

cubo
·····················
kocka

blanco

bela

amarillo

žuta

anaranjado

narandžasta

rosa

ružičasta

rojo

crvena

lila

ljubičasta

azul

plava

verde

zelena

marrón

smeđa

gris

siva

negro

crna

mucho / poco

mnogo / malo

enojado / calmado

ljutito / mirno

bonito / feo

lepo / ružno

comienzo / fin

početak / kraj

grande / pequeño

veliko / maleno

claro / oscuro

svetlo / tamno

hermano / hermana

brat / sestra

limpio / sucio

čisto / prljavo

completo / incompleto

potpuno / nepotpuno

día / noche

dan / noć

muerto / vivo

mrtvo / živo

ancho / angosto

široko / usko

disfrutable / no disfrutable

jestivo / nejestivo

malo / amigable

zlo / dobro

excitado / aburrido

uzbuđeno / dosadno

gordo / delgado

debelo / mršavo

primero / último

na početku / na kraju

amigo / enemigo

prijatelj / neprijatelj

lleno / vacío

puno / prazno

duro / suave

tvrdo / mekano

pesado / liviano

teško / lagano

hambre / sed

glad / žeđ

enfermo / saludable

bolesno / zdravo

ilegal / legal

ilegalno / legalno

inteligente / tonto

pametno / glupo

izquierda / derecha

levo / desno

cercano / lejano

blizu / daleko

opuestos - suprotnosti

nuevo / usado

novo / polovno

nada / algo

ništa / nešto

viejo / joven

staro / mlado

encendido / apagado

uključeno / isključeno

abierto / cerrado

otvoreno / zatvoreno

bajo / fuerte

tiho / glasno

rico / pobre

bogato / siromašno

correcto / incorrecto

tačno / pogrešno

áspero / liso

hrapavo / glatko

triste / alegre

tužno / sretno

breve / extenso

kratko / dugo

lento / veloz

polako / brzo

mojado / seco

mokro / suho

caliente / frío

toplo / hladno

guerra / paz

rat / mir

opuestos - suprotnosti

0

cero

nula

1

uno

jedan

2

dos

dva

3

tres

tri

4

cuatro

četiri

5

cinco

pet

6

seis

šest

7

siete

sedam

8

ocho

osam

9

nueve

devet

10

diez

deset

11

once

jedanaest

12
doce
dvanaest

13
trece
trinaest

14
catorce
četrnaest

15
quince
petnaest

16
dieciséis
šestnaest

17
diecisiete
sedamnaest

18
dieciocho
osamnaest

19
diecinueve
devetnaest

20
veinte
dvadeset

100
cien
stotinu

1.000
mil
hiljadu

1.000.000
millón
milion

idiomas
jezici

inglés
....
engleski

inglés estadounidense
....
američki engleski

chino mandarín
....
mandarinski kineski

hindi
....
hindski

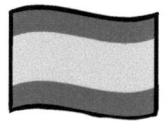

español
....
španski

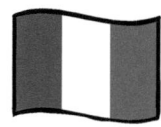

francés
....
francuski

árabe
....
arapski

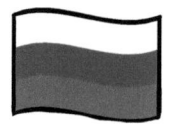

ruso
....
ruski

portugués
....
portugalski

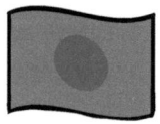

bengalí
....
bengalski

alemán
....
nemački

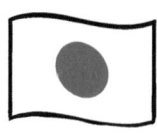

japonés
....
japanski

yo

ja

tú

ti

él / ella

on / ona / ono

nosotros

mi

vosotros

vi

ellos

oni

¿quién?

Ko?

¿qué?

Šta?

¿cómo?

Kako?

¿dónde?

Gde?

¿cuándo?

Kada?

nombre

ime

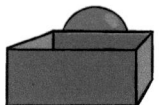

detrás
....
iza

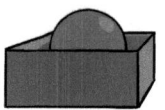

en
....
u

delante de
....
ispred

encima de
....
preko

sobre
....
na

debajo de
....
ispod

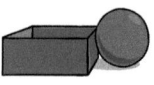

junto a
....
pored

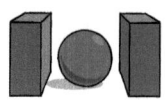

entre
....
između

lugar
....
mesto